LE CIEL A TON SOURIRE

LE CIEL A TON SOURIRE

Recueil

Jehanne Prouvost

© 2022, Jehanne Prouvost
Impression : Books on Demand, Norderstedt,
Allemagne
Illustration : Fabien Menigoz & Jehanne Prouvost
Couverture réalisée par Jehanne Prouvost

ISBN : 978-2-9583190-0-7
Dépôt légal : Juillet 2022

À la vie.

*Un écrivain est sans doute quelqu'un d'imparfait,
et qui écrit, justement, en vue de cette terminaison;
qui recherche inlassablement cette perfection.*

J.-M. G. Le Clézio, *Ecrire : un art exigeant*

J'écrirai là où il y
aura de la place

Je crois que c'est pour ça que j'écris. Pour ne pas oublier toutes ces pensées qui passent trop vite.

Pour ne pas m'oublier moi-même.

J'écrirai là où il y aura de la place

Elle fait partie de ces rêveurs
De ceux qui n'ont jamais les pieds sur terre
Ceux qui ne sont jamais complètement là
De ceux du ciel
Ceux qui côtoient les nuages
Et tutoient le soleil
Qui goûtent la neige
Et boivent la pluie
De ceux qui se fabriquent un monde ailleurs
Quand celui-ci ne leur convient plus

L'envie d'écrire

Bouillonne en moi

Crépite sous ma peau

Brûle mes doigts

Oxygène mon sang

Fait pétiller mon âme

M'adrénaline

J'écrirai là où il y aura de la place

J'en ai marre de ces cris
Qui se perdent dans le vent
De ces paroles insensées
Qui n'en finissent pas de fuser
De ces débats stériles
De ces discours futiles
De ces insultes lancées
Au hasard de nos émotions
De ces pleurs incessants
De ces moqueries faciles

Moi je veux de l'amour écrit
De la paix dans l'âme
La pureté du papier
Et le chaos du stylo
Je veux les rimes et les sons
Je veux la beauté des mots
Je veux me saouler, m'enivrer
De cette magie sans fin
Je veux inventer et créer
Des choses qui restent

Le ciel a ton sourire

Je veux être seule
Mais reliée au monde
Je veux être un grain de sable
Dans le désert de l'humanité
Mais je ramènerai la pluie

Je veux écrire tant que je veux
Tant que je peux
Sans jamais m'arrêter
Je veux rêver et réaliser
Parce que c'est ça
La vraie liberté

J'écrirai là où il y aura de la place

Etendue sur les draps
Lumière du mutin matin
Jouant sur mon bras
J'ai appris que la poésie
Ne restait pas tapie
Dans les recoins des livres

Je l'ai ressentie
Elle était là
Tout autour de moi
Cachée dans les replis du jour
Dans l'intensité du silence

Dans le temps
                    qui *retenait son souffle*

Le ciel a ton sourire

Mes pages défilent plus vite que ma vie pour ne pas que j'oublie qui je suis; si j'arrête d'écrire, je me perds pour toujours. Mais quand j'écris, ça me prend aux tripes, j'en veux toujours plus. L'écriture est une drogue dure qui te dévore mais qui ne dure que le temps d'une phrase, d'un mot, d'un instant volé au temps justement. Lentement elle te consume, te consomme, jusqu'à ce que tu deviennes fou à force de trop te connaître, à force d'être trop toi-même, tout cru, tout nu; c'est toi, seulement toi, qui t'étales sur la page blanche, vierge, sans maquillage, sans déguisement, sans artifice. C'est fatigant d'être soi, tout seul, de briller de sa propre lumière et de s'écrire à soi-même. Quand on écrit, il n'y a que nous, seuls face à la page, avec notre encre pour seule arme, mais les mots nous reviennent toujours, sans cesse ils blessent. Cathartiques, ils guérissent autant qu'ils abîment. Les mots prennent autant qu'ils donnent. Et on a besoin d'eux pour exister autant qu'ils ont besoin de nous.

J'écrirai là où il y aura de la place

J'ai besoin
De faire une pause
De taquiner le crayon
Plutôt que d'écorcher la feuille
Besoin d'apprendre à réaimer ces lettres
Qui en ce moment me font tant souffrir
Et pourtant Dieu sait que je les admire
Elles me dévorent, me manquent, me hantent
Qu'est-ce que je ferais sans l'écriture
C'est si dur
D'écrire sans y penser, sans même le vouloir
De tracer les mots imposés, dictés, policés
D'écrire sans le sens, sans les sentiments
J'écris à l'envers, à m'en faire mal au poignet
Mais les lettres sont muettes et les mots désolés
Les phrases me brûlent, m'étouffent, me tuent
On nous gave aux mots, aux mots durs
Et si vous voulez mon avis,
C'est de ça qu'on mourra
Une overdose d'infos, de mots
J'aurais adoré ça
Si ç'avait été les mots doux,
Les mots chéris, les mots vénérés

Même plus le temps d'écrire pour le plaisir
C'est là mon drame

Tout ce que

je peux t'offrir,

ce sont

mes mots.

- Qu'est-ce que tu fais ?
- J'écris.
- Et t'écris quoi ?
- Des mots.
- Des mots ?
- Oui, des mots.
- Pourquoi t'écris des mots ?
- Parce que c'est beau.
- C'est beau d'écrire des mots ?
- Oui. C'est beau comme la musique, comme la peinture, comme les étoiles, comme les feux d'artifice et comme les rêves.
- T'écris des rêves ?
- J'écris pour faire rêver les gens.
- Comment on fait rêver les gens ?
- En leur racontant de belles histoires. En leur racontant ma vérité. Ce n'est pas la banale réalité que tout le monde voit. Dans mon monde, il y a beaucoup plus de couleurs et de sourires.
- Et les sourires ça fait rêver ?
- Les sourires, ça rend heureux. Et quand on est heureux, on rêve.
- Ca sert à quoi de rêver ?
- Ca te donne de l'espoir. Ça te donne des objectifs, quelque chose en quoi croire. Quand ça ne va pas, que tu n'arrives même plus à rêver,

je te donne mes rêves pour que tu voies les étoiles dans le noir et le soleil derrière les nuages. Je te donnerai ma main pour que tu retrouves ton chemin, je t'offrirai mon cœur pour te faire oublier ton chagrin, je te prêterai mon mouchoir pour essuyer tes larmes, et je t'emmènerai dans mon monde pour que t'oublies pas le bonheur. Quand ça n'ira pas, je te prêterai même mes mots.

J'écrirai là où il y aura de la place

Je n'ai jamais su parler
Je n'ai toujours fait qu'*écrire*

Le ciel a ton sourire

Rêves éveillés
Rimes éthérées
Insomnie vénérée
Passion privilégiée
Vies disséquées
Ténèbres éclairées
Défauts desséchés
Douleur acérée
Cœur exposé

- Je poétise

J'écrirai là où il y aura de la place

Il rêve, il affabule,
Mais il a besoin de ça pour survivre
Il s'invente des vies
Pour pouvoir affronter la sienne
Il joue avec la réalité
Pour se donner l'impression de la contrôler
Parce que finalement, les rêves
C'est tout ce qu'on a
Tout ce qui nous appartient vraiment
La seule vie qu'on contrôle totalement
Notre sécurité, paradoxalement
Tout ce qu'on a auquel se raccrocher
Quand tout bascule, quand tout se casse
Quand on s'abîme et qu'on se lasse
Faut qu'on s'évade
C'est notre liberté
La seule qu'on ne peut nous enlever

Ta créativité

n'a de

limites

que celles

que tu lui

imposes.

J'écrirai là où il y aura de la place

Il n'y a pas de miracle
Pour écrire
Il faut se creuser la tête
Souvent
On ne trouve que du sable
Et de temps en temps
On tombe sur une pépite
D'émotions brutes
Qui pourra peut-être
Enrichir d'autres cœurs

- Chercheurs d'or

Le ciel a ton sourire

La poésie
C'est ~~ne garder que~~
L'essence ~~de toute chose~~

Elle fumait avec urgence, comme si elle avait davantage besoin de nicotine que d'oxygène. Je connaissais ça – j'écrivais avec urgence. Comme si nos vies en dépendaient. Comme si, au bout du compte, au bout du long voyage, il n'y avait que la fumée et les mots qui comptaient vraiment. Et peut-être était-ce le cas. Peut-être que, même en cherchant bien, on ne trouvait pas de sens à tout ça. Peut-être qu'il n'y en avait pas. Peut-être que le seul sens que nous puissions donner à nos vies, c'était celui qu'on imaginait, celui qu'on rêvait. Celui qu'on écrivait ou celui qu'on fumait. Elle noircissait le papier avec du feu, je le noircissais avec de l'encre. Elle l'usait avec sa haine, moi je l'usais avec mes peurs. Finalement, on n'était pas si différentes toutes les deux. Je laissais traîner mes mots comme elle ses mégots, sans nous soucier de ce que le temps ou les gens en feraient. On voulait juste se libérer de tout ce qui nous enchaînait, qu'importe le moyen. Sauf qu'elle choisissait de s'envoler et que moi j'avais décidé de durer.

L'art est une drogue : plus tu lui laisses de la place, plus il en prend. Il occupe ton esprit, remplit tes rêves, t'obnubile, s'empare de tes pensées.

Ma vie n'est qu'une immense toile colorée depuis que je l'ai laissé entrer. Il a mis du rouge dans mes pensées noires, du mauve dans mes nuits blanches, du bleu dans mes idées claires, du jaune dans mes pensées sombres.

Il est tout ce que je ne sais pas être.

J'écrirai là où il y aura de la place

On a tous écrit les mêmes choses
Des milliers de fois
Avec des centaines de mots différents
Alors comment se fait-il
Que j'aime les mots
Toujours plus fort à chaque fois ?

L'ART

réside
dans les plus
subtils détails.

Le bruit de l'orage

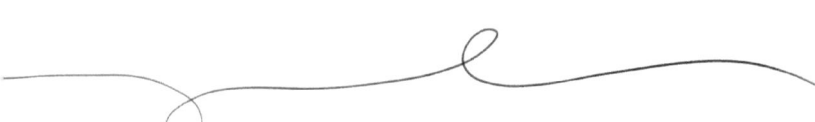

Il faut bien combler les

                          trous

Remplir les v i d e s

Colorer les blancs

Que tu as laissés

En partant sans te retourner

Le bruit de l'orage

Je ne suis qu'une enfant
Qui joue à la grande
Mais qui a peur du noir
De la nuit
De l'inconnu
Et de ce qui reste d'elle
Sans tes bras

Le ciel a ton sourire

Être ici... C'est comme tenter de recoller les morceaux de verre brisé. Mais le vase ne sera plus jamais comme avant et on s'écorche les doigts et le cœur dans cette entreprise. Et même si on en est parfaitement conscient, on ne peut pas s'empêcher d'essayer, n'est-ce pas ? On fait du mieux qu'on peut, mais quoi qu'il arrive, rien ne sera plus jamais aussi parfait qu'avant. On tente de sourire mais à l'intérieur, putain, nos cœurs sont au bord de la rupture.

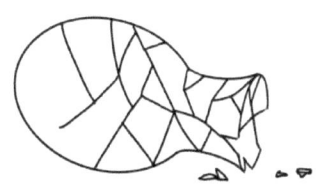

Elle lévite. Elle est comme en apesanteur au-dessus de ce monde. Elle nous paraît danser au-dessus du vide, alors qu'elle a l'impression de s'y noyer. Juste une question de perception. On la trouve belle, elle se sent tellement laide. Tachée par la noirceur de son désespoir. Depuis qu'il l'a quittée, elle n'ose plus se regarder dans un miroir. Elle s'en veut d'exister, vous comprenez. Elle a tort, pourtant. Mais on lui a arraché son âme. Et c'est compliqué de s'en construire une nouvelle. Elle a besoin de temps. Et de tranquillisants. Elle a besoin d'amour, alors qu'elle croit que le mieux pour elle est d'oublier, de tout effacer. De faire comme s'il n'avait pas existé. Peut-être son âme serait-elle encore intacte si c'était le cas. Peut-être qu'elle pourrait faire semblant ne serait-ce qu'une seconde.

Mais le temps ne lui laisse aucun répit. Sans cesse il la défie. Elle se défile, s'enfuit, mais il la rattrape et l'enchaîne à ses souvenirs. À cet après-midi. Elle le revit toutes les nuits. Elle tourne les pages du livre, mais les mots ne changent pas. Elle est coincée seule dans son espace-temps, rempli de cauchemar et de regrets. Avec pour seule alliée la haine. C'est tout ce qui lui reste, face au chaos de sa tête, et face aux autres, au monde qui continue de tourner trop vite, au vide qui s'insinue toujours plus profond de son cœur. Elle a mal. Elle voudrait le rejoindre. Mais elle a deux beaux enfants, deux gouttes d'espoir dans son cœur qui déborde, et ils la retiennent. Ils l'empêchent de couler, la secouent quand elle garde la tête un peu trop longtemps sous l'eau. Ils sont un petit bout de lui, et cela lui suffit presque. Peut-être qu'un jour, ils retrouveront la paix. Qu'ils seront heureux.

Le bruit de l'orage

J'attends toujours d'être seule avec ma feuille
Pour exprimer ma peine
Parce que quand j'explose
Je fais le bruit de l'orage et
Comme lui
Je blesse ceux qui sont autour de moi
Mes larmes les éclaboussent
Et mes cris les foudroient
C'est injuste
Qu'ils ressentent aussi fort ma douleur
Comme si ça ne suffisait pas que je saigne
Comme si en souffrant à plusieurs
On souffrait moins
Mais ce n'est pas le cas

Aujourd'hui mes larmes sont la pluie et mes sanglots le tonnerre; les éclairs déchirent mon cœur en millions d'éclats sanglants. L'orage fait mal tu sais, mais pas autant que le manque; il fait peur, mais pas autant que ton absence. Mes larmes pleuvent ce soir sur mon âme aride de souffrance, de ton absence, de mon attente, et mon cœur bourdonne, tonne son amour et les occasions manquées. Les nuées de la douleur obscurcissent toujours mon ciel; je voudrais seulement que tu sois là près de moi.

Le bruit de l'orage

Le vent ne fera jamais autant de bruit que
l'écho du manque en moi.

Chaque orage déclenche un ouragan dans mon cœur. Il crie l'envie de vivre, de pleurer, de se déchaîner. La peur résonne toujours, comme un bruit de fond qui ne s'éteindra jamais, mêlée à un soupçon de tristesse et de douleur, qui ne s'effacera jamais. Les battements de mon cœur s'accordent au tonnerre qui gronde et les éclairs font déborder les sentiments que je garde enchaînés depuis trop longtemps. L'orage fait mal et apaise.

Le bruit de l'orage

Je parle souvent d'orage
A vrai dire je n'avais rien contre lui
Avant tout ça
Avant tout ce qu'il m'a pris
Mais depuis
Si tu savais la peur qu'il m'inspire
Si tu savais la douleur
Si tu savais le manque
Le creux dans le cœur
Je ne sais pas si ce sont mes larmes
Ou sa pluie
Qui me noient
Et je noircis des pages sur lui
Sur toi
Sans qu'on arrive à se réconcilier
Il a fait disjoncter ton cœur
Et depuis quand j'explose
Je fais le bruit de l'orage

A ce moment-là, je n'avais besoin d'être forte pour personne, puisqu'on était tous plus détruits les uns que les autres.

Mais elle méritait que je tienne pour lui prouver qu'on pouvait survivre à ça. Revivre.

Le bruit de l'orage

Et là
Devant ce coucher de soleil
Sous ce ciel bleu immaculé
A travers ces nuages blancs
Au cœur de cet orage tonitruant
Je m'en rends compte
Le ciel a ton sourire

Le ciel a ton sourire

Parce que nos chrysanthèmes ne sont plus que des
mots sur un mur de pixels.

Le bruit de l'orage

Il ne reste plus que l'écho de ton rire qui hante le grand hall de mes souvenirs.

Le ciel a ton sourire

Encore une fois, il m'accompagne. Il est dans chaque orage. Et ce soir, je jure que par ses coups de tonnerre, il me redonne courage. J'ai peur, j'ai froid et je suis perdue, mais il est là. Et c'est tout ce dont j'ai besoin. Je crois qu'il me dit que c'est la bonne décision. Moi je n'ai pas votre bonne étoile, mais j'ai mon petit éclair et ça vaut tout l'or du monde, toutes les étoiles du ciel et bien plus encore. Peut-être que je ne suis pas prête, mais je ne suis pas seule. L'orage me terrorisait, maintenant il me rappelle que je ne suis pas seule. Jamais.

Le bruit de l'orage

Je voulais faire de l'art
Alors on m'a brisé le cœur
Pour que j'en fasse une mosaïque
Et j'ai collé les morceaux avec des mots

Le ciel a ton sourire

J'ai du mal à respirer
Comme si je pouvais te donner mon air
Saleté de dyspnée
Saloperie de cancer

Je parle doucement
Comme si ça pouvait t'apaiser
Comme si je pouvais réparer
Ce qui t'abîme insidieusement

Mon cœur bat à cent à l'heure
Comme s'il voulait rattraper
Le temps qui veut nous échapper
Nous laisser seuls avec notre douleur

Alors j'essore ma peine jusqu'à être vidée
Et il en coule de l'encre couleur de nuit
Qui s'étale en fleur de vie
Pour rafistoler nos cœurs brisés

- *Symptômes*

Je suis un peu fatiguée
Tu sais Morphée a du mal à nous trouver
Derrière nos c
       a
        s
         c
        a
        d
        e
        s
         de larmes

Le ciel a ton sourire

Il avait le sommeil coincé dans les poches sous ses yeux. Et moi, j'avais mes rêves peints dans le bleu de mes cernes.

 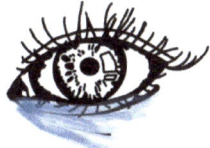

FINALEMENT ON L'AIME CETTE DOULEUR.
ON LA CONNAÎT PAR COEUR.

Le ciel a ton sourire

La routine
Sauve
Quand c'est la seule
Qui reste

Le bruit de l'orage

Je crois que le sol s'est rapproché. Ou alors je suis tombée. J'en ai eu conscience lorsque j'ai senti le froid du carrelage sous mes genoux, assorti d'un bruit sourd. Je ne vois plus rien, mais je m'en fous. Je souffre - et c'est déjà trop. J'ai la sensation que mon cœur et mes entrailles se déchirent, explosent en morceaux infinitésimaux. Je crois que mes bras m'entourent pour les retenir, ces fragments de moi qui s'éparpillent, s'enfuient, s'envolent. La douleur, la douleur est insoutenable. Je n'ai pas assez de force pour la retenir. Alors je pleure et je crie, mais je ne m'en rends même pas compte, parce que mes oreilles ont décidé de se bâtir une forteresse de coton pour ne plus entendre la souffrance du monde. Je me sens vide, et pourtant j'ai mal, tellement mal. Comment une coquille peut-elle ressentir ? Je veux devenir n'importe quoi pourvu que la douleur cesse. Je veux mourir. Je crois mourir. Ça ne peut être que ça. Il est impossible de supporter un tel déchirement sans en mourir.

Peut-être que si j'arrête de bouger, ça fera moins mal. Peut-être que je pourrais disparaître, me fondre dans le sol, me liquéfier pour voyager sous terre. Peut-être que je pourrais m'endormir, longtemps, pour me réveiller quand le monde sera Éden.

Le ciel a ton sourire

Viens,
je t'emmène voir la mer
On lui donnera nos larmes
Elle apaisera nos sanglots
Nous rendra nos sourires
Viens on va se créer des souvenirs

Je peux pas te guérir
Et cette impuissance me brise

Alors viens
On ramène nos larmes à la mer
Elle en fera des nuages
Le vent emportera nos peines
On fera des châteaux de bonheur
Le soleil réchauffera nos cœurs froids
Je te promets ça ira

Le bruit de l'orage

Nous sommes l'arc en ciel de ses jours de pluie.
Nous lui rappelons que la vie continue malgré tout.
Qu'elle est belle.
Qu'elle vaut le coup.

Elle se tenait là, en haut de la falaise. Le vent cinglait son visage, transformait ses cheveux en véritables tentacules dotés de vie, se mouvant en une chorégraphie singulière. Les vagues s'écrasaient avec fracas en contrebas, se brisaient contre la roche comme son cœur s'était brisé face à la mort. Pourtant, finalement, c'est l'océan qui vient à bout du rocher, le transforme en millions de petits grains de sable qui finissent sous nos pieds. Et si son cœur, à force de s'écraser contre la tristesse, venait à bout de la douleur ?

Elle était si proche du bord. A tout moment une bourrasque capricieuse pourrait l'envoyer valser avec les anges. Avec son ange. Elle s'était si souvent sentie coupable de vivre.

Maintenant elle savait qu'elle devait vivre pour deux.

Elle tourna les talons, un léger sourire aux lèvres et le cœur gonflé d'un amour qui ne s'éteindrait jamais. *Elle vivrait pour ceux qui n'en avaient pas eu la chance.*

Mes ombres

Le ciel a ton sourire

Tu sais que ce ne sera jamais assez
Alors pourquoi tu t'esquintes ?

- Perfectionniste

Mes ombres

Je n'aime pas les fins
A peine le point posé
J'ai déjà envie
De tout recommencer
De tout refaire
De faire mieux
Toujours mieux

Et puis il y a ces peurs qui nous tracassent et nous fracassent, qui nous trahissent et nous fragilisent, ces peurs qu'on est seul à pouvoir affronter.

Je ne suis pas prête à revivre ça. Regarder deux personnes se détruire - *plus jamais*.

Le ciel a ton sourire

C'est pas *dommage*
Ça blesse
Ça casse
Ça laisse des traces

Mes ombres

Les cauchemars peuplent nos vies
Tandis qu'un autre monde hante nos rêves

Le ciel a ton sourire

Dans la vie on fait ce qu'on peut
mais c'est peu souvent ce que les autres
voudraient

Mes ombres

J'ai toujours peur de déranger
Comme si je n'étais pas légitime de vivre
D'être moi
De faire ce qui me plaît
Ni même ce que je dois
Alors que je dérange seulement

dans ma tête

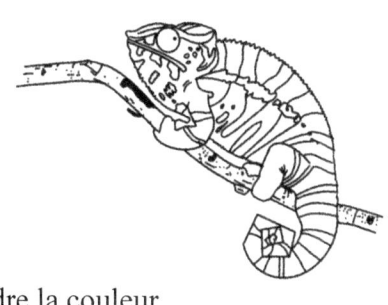

Petit caméléon
A force de prendre la couleur
De ceux qui t'entourent
Fais attention
A ne pas oublier
Quelle est la couleur
De ton cœur

- Tu ne peux pas plaire à tout le monde

Mes ombres

Nous sommes tous des enfants sans nom
Qui nous cherchons

Le ciel a ton sourire

CHAQUE HiSTOiRE CACHE SES PROPRES DRAMES.

Les jours sont trop courts et les nuits trop longues

A ne plus voir le soleil croyez-vous qu'on puisse devenir aveugle ?

A trop me perdre, à trop chercher

Sans pouvoir réfléchir ni une seule seconde pour respirer

On me dit que c'est un marathon

Mais je ne vois pas où est la ligne d'arrivée

Et si on nous mentait, si ce n'était qu'un mirage

Si la seule chose qu'on pouvait gagner

C'était de la rage

Rage de perdre, ou rage de vaincre

Au final y a-t-il une différence dans cette guerre contre nous-mêmes ?

On pense qu'on se bat contre les autres, mais c'est nous notre pire ennemi

C'est nous qui nous détruisons tout seul petit à petit

Et seuls ceux qui se supportent pourront y parvenir

Pendant que les autres se perdront dans le noir

Jusqu'à trouver une autre échappatoire

Moi j'ai peur, j'ai mal, mais surtout peur

Je sais pas où tout ça va me mener

Finalement que je gagne ou que je perde, où est la différence ?

Où est la victoire et où est la défaite dans ce monde d'indifférence ?

Je ne sais plus où est le bien, où est le mal

Ou si le bonheur est vraiment là où je l'attends

Je veux aller au bout mais sans être sûre de ce qui m'attend

Et si tout cela se terminait en bain de sang ?

- Première année

Et puis on s'est perdu le regard dans le vague

Tandis que sa voix faussement guillerette égrenait les mots qui comptaient nos secondes

Nous rappelait au monde

Alors que ce qu'on voulait oublier, c'était les autres

Ne plus penser pour noyer la peine

Retenir la haine

Échapper à leurs rênes

Refusant leur règne

Je saigne

Quand j'échoue

Sur une île déserte qu'on appelle l'échec

Mais ils sont où ?

Le raisonnement et la raison

Toujours là quand on refuse de les écouter

Mais cachés, pour échapper aux regrets

Alors je brandis mes rimes et mes mots

Contre les maux qui menacent d'envahir mon cerveau

Comme si des lettres pouvaient me sauver de la déraison

Mais au moins elles sont toujours présentes

Même en pleine nuit quand je préférerais qu'elles laissent un peu redescendre la pression

Divagations d'un cœur solitaire qui se perd

Mais on connaît tous ça un jour, t'inquiète

Alors c'est pour tous ceux qui sont perdus et qui ne voient pas le bout du tunnel

Si elle est invisible aujourd'hui, cette lumière rebelle

Attendez-la, elle arrive

Demain ou un autre jour on finira tous par retrouver le soleil

Mes ombres

Tiens-moi éveillée ce soir
J'ai peur du noir
Le vide me tend les bras

Je suis trop fatiguée pour dormir
Plus d'envies, ivre
Envie d'imposer à mon corps
La douleur dans ma tête

J'avais des rêves plein le cœur
Et de la motivation à revendre
Il ne me reste que de la détermination
La rage et une occasion à prendre

Le ciel a ton sourire

Pas loin du pétage de câble
Oups j'ai encore dérapé
Je voudrais arrêter
Tout quitter tout plaquer
Mais en même temps je ferais tout pour rester
Aller
Plus loin que tout ce qu'on veut bien m'accorder
Je vais me construire une fusée
Pour traverser la voie lactée

Ma tête disjoncte et mon corps ne suit plus
A quoi bon réussir si rien ne me suffit plus ?

J'ai peur que l'inspi
M'oublie

- Syndrome de la première page blanche

Le ciel a ton sourire

Ces mots ont fait voler en éclat
Le mur frêle
Qui me protégeait momentanément
De mes angoisses
Elles ont déferlé
Au-dessus de cette digue brisée
Et moi aussi je me suis fêlée
Est-ce qu'un jour
Je pourrais me réparer ?

On ne s'habitue pas à la douleur, on apprend juste à vivre avec. Epouse sadique, elle vous suit jusque dans votre lit, s'insinue dans vos nuits, s'empare de vos cauchemars. Elle repousse Morphée et la faim, elle me tord le ventre jusqu'à ce qu'il se vide, elle secoue mes muscles et fait crier mes cordes vocales. Finalement ce n'est pas moi qui ai mal, c'est elle qui me contrôle.

Tu sais, la nuit me fait peur. Son assurance tranquille, sa force silencieuse, ses armes invisibles. Tu sais, l'orage me fait peur. Son arrogance éclatante, son pouvoir ravageur, ses lames aveuglantes. Tu sais, tout me fait peur. Toi et ton amour, lui et sa parade, elle et son mystère.

L'impuissance me brise
Ne pas pouvoir soulager la détresse
Me **tord** le cœur

Le ciel a ton sourire

C'est plus facile de souffrir seul
De n'emmener personne dans ses ténèbres
De garder jalousement sa peine

Mes ombres

Souvent le génie des hommes m'émerveille

Presque aussi souvent leur bêtise me glace

Le ciel a ton sourire

La brume embue mes yeux
Et peut-être que c'est mieux comme ça
Peut-être que c'est mieux de ne pas voir
Les monstres qui foulent cette planète
La planète qu'on saigne en toute conscience
Le mal qu'on fait sans y penser
Les âmes nécrosées par la haine
La mort qu'on sème sans intention de la donner
La douleur qu'on cause
Les cœurs qu'on brise
Les corps qu'on martyrise
La différence qu'on méprise

- Parfois j'aimerais que la brume embue mon
esprit

Mes ombres

Je te remercie de m'avoir fait mal
Parce que si tu avais attendu plus longtemps
Je n'y aurais pas survécu

Le ciel a ton sourire

J'ai l'impression que tu ne te rends pas compte
A quel point c'est dur
D'être celui qui reste

Mes ombres

Un peu trop fatiguée pour dormir
Tête pleine de questions que je laisse mourir
Pourquoi tant de problèmes qui ne veulent rien dire
Pourquoi je me casse la tête sur des délires ?

N'oublie jamais à quel point
Derrière tes ombres
Tu brilles

Je crois que le plus dur, c'est de reprendre la place que je t'avais laissée dans ma vie. Comme si tu n'avais pas existé. Alors qu'aucun mot ne sera jamais assez fort pour exprimer combien tu as marqué mon existence.

TROP DE TRUCS EN BOUCLE DANS MA TETE DOMMAGE QUE CA TOURNE PAS ROND.

Mes ombres

Goutte de sang sur ciel noir d'encre
Lumière néon sur cris de souffrance
Le monstre a pris la vie puis s'est enfui dans la nuit
Je ravale mes cris

Vision d'horreur sur fond de terreur
Ils ont peur et je pleure
L'étreinte glaçante de l'angoisse est suffocante
J'essaie de repousser les scènes qui me hantent

Hier encore on guérissait,
Chantait le bonheur d'être ici
Aujourd'hui ça aurait pu être lui,
Ca aurait pu être lui

- Attentat

Le ciel a ton sourire

Mais du jour au lendemain
Elle pourrait avoir envie de tout plaquer
De claquer la porte
Et de changer de monde
Sans jamais nous revenir

Mes ombres

Je crache ma haine, vide mon cœur
De sorte qu'en moi ne reste que le meilleur
Elle rend beaucoup mieux sur la feuille

ma noirceur

Le ciel a ton sourire

Tu la sens cette peur qui te prend aux tripes comme une vieille amie ? Tu lui manquais trop, elle avait soif de te faire du mal.

Et la douleur, tu la sens ? Cette garce à l'odeur de tes pleurs et à la couleur du sang ? Elles sont là pour toi ce soir. Tu ne leur échapperas pas.

Pourquoi les meilleurs textes sont-ils produits dans les pires moments ? Les plus belles œuvres sont faites de souffrance indicible et de douleur inimaginable. Peut-être parce que dans ces instants, on ne pense pas à créer quelque chose de bien, quelque chose de beau que les gens aiment. On ne cherche pas à plaire. On veut juste libérer tout ce qu'on ressent, pleurer à notre manière, créer de la seule façon qu'on connaisse. Ce qui m'amène à cette question : que serait l'art sans la peine ?

Certains soirs, j'écoute battre mon cœur. Ça me rappelle que je suis en vie, et que tant que je pourrai entendre le boum boum dans ma poitrine, triste ou énervé, rapide ou brisé, quoi qu'il se soit passé, je pourrai guérir. Je pourrai aller mieux. Tout va bien tant que ton cœur pousse le sang dans ton corps, tant que l'oxygène abreuve tes muscles et tes organes. C'est tout ce qui compte. Tout ira bien.

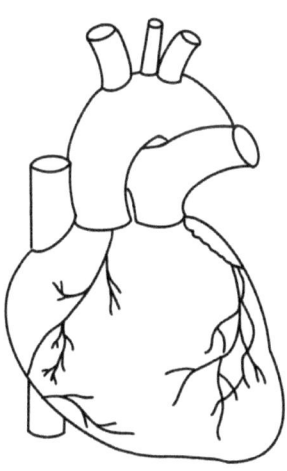

La vie m'inspire

- Hé. Regarde-moi. Tu ne dois pas avoir honte d'un échec, jamais. Ne pas apprendre de ses fautes, ou abandonner plutôt que de remonter en selle après être tombé sont des choses honteuses. Pas l'échec. Ceux qui disent n'être jamais tombés sont des menteurs. On tombe, on se relève, on apprend. C'est la vie. Recommence. Maintenant.

La vie m'inspire

Grandir c'est

Sourire - souvent

Mûrir - beaucoup

Souffrir - parfois

Apprendre - tout le temps

Changer - inévitablement

Evoluer - pour le mieux

S'améliorer - sans cesse

Aimer - toujours

Le ciel a ton sourire

C'est quand tu crois avoir tout compris
Que tout reste à apprendre

Tu as peur car tu te focalises sur tes échecs. Pense plutôt à tout ce que tu as accompli jusqu'à maintenant, et puises-y la force de réussir.

C'est un puzzle. Je veux dire, la vie est putain de puzzle. Parfois, on s'escrime à emboîter des pièces qui ne pourront jamais aller ensemble, quitte à les déformer. Parfois, on trouve la bonne pièce au hasard. Celle qui complète un peu plus l'œuvre d'art de notre vie.

J'ai appris à laisser partir les pièces qui n'étaient pas faites pour mon puzzle. Il y a encore bien assez de trous à remplir, et tôt ou tard chaque petit bout de mon existence sera à sa place.

Je serai une putain d'œuvre d'art.

Ne te laisse
pas le choix
de gagner

Mais donne-toi
le droit
de perdre

Le ciel a ton sourire

Ça se voyait dans ses cernes
Qu'elle portait toute la misère du monde
Mais je vous jure que dans ses cernes
On lisait une force faconde

Si tu veux récolter de la gratitude,
Commence déjà par en semer

 — merci

Le ciel a ton sourire

Tu fais ce que tu peux
Et parfois peu
C'est suffisant

La vie m'inspire

Dis-moi tes blessures
Dis-moi tes fêlures
Dis-moi ce qui te hante
Ce que t'inventes
Quand tu es seul le soir
Quand il est tard

Dis-moi tes cauchemars
Je suis prête à les recevoir
Dis-moi ce qui pleut dans ton cœur
J'en ferai de l'or, ta noirceur
Dis-moi ce qui cogne dans ta tête
Explique-moi pourquoi ça pète

Je le vois quand tu perds le sommeil
Quand tu te fais de glace
Et que les démons te soufflent à l'oreille
Quand tu te perds dans la galerie des glaces
Seul face à tes vieilles terreurs
Ces soirs où tu crois que l'amour meurt

Je te vois
Je t'entends
Je t'écoute
Je te comprends
Je suis là

Le ciel a ton sourire

Le ciel s'embrase
En symbiose avec mon cœur

La vie m'inspire

Si tu savais ce que c'est qu'être une femme
Dans ce monde
Tu baisserais sûrement un peu plus les yeux
Tu élèverais un peu moins la voix
Tu trouverais peut-être un peu de respect
Tout au fond de toi

Mon corps ne t'appartient pas
Qui que tu sois
Qui que tu crois être
Je suis *à moi*

Alors tu t'es assise là à même le sol, comme si le poids du monde devenait soudainement trop lourd à porter. Tes yeux se sont voilés de fatigue, une rivière de tristesse a dévalé ton visage et les émotions t'ont secouée en un séisme de sanglots.

Et c'était beau. La force qu'il t'a fallu pour arriver jusqu'ici brillait dans tes larmes, explosait dans tes cris. J'ai été subjuguée par cet éclat de faiblesse, parce qu'il sublimait ton courage.

Tu sais, parfois, il faut être plusieurs pour porter le monde.

La vie m'inspire

S'il y a bien une chose qu'une des plus dures années de ma vie m'a apprise, c'est qu'on est toujours plus fort qu'on ne le croit et qu'on peut toujours aller plus loin qu'on ne le pense. Qu'on a le droit de craquer aussi, parfois. Le droit de faiblir. Mais qu'on a le devoir de se relever et de ne jamais abandonner. Parce que le futur en vaut la peine.

Le ciel a ton sourire

Souviens-toi. Nos rêves méritent toujours qu'on se batte pour les réaliser. Je ne te demande pas d'y arriver, juste de faire de ton mieux. Je veux que la prochaine fois que tu te retournes pour regarder ton parcours, tu sois fier de toi. La vue de là-haut vaut tous les efforts que tu fournis pour y monter. Alors ne t'arrête pas de grimper. Un jour tu contempleras tous ces rêves réalisés, et tu pourras te dire que tu l'as fait.

La vie m'inspire

Moi aussi je me posais plein de questions, je m'en pose toujours des tonnes. Mais avec le temps je me suis rendu compte que ce ne sont pas les réponses qui importent. Ce sont les questions. La réflexion. La sensation. Le fait de chercher à savoir, chercher à comprendre. Et parfois ne pas trouver de réponses. Souvent, ne pas les voir. Alors qu'elles sont là, juste devant nos yeux, les solutions. Il n'y a pas de problèmes, juste des solutions. Comme la réponse est déjà dans la question. On ne peut pas s'empêcher de réfléchir, et c'est une chance. Mais certaines fois, il faut se faire au fait qu'on n'aura jamais les réponses. Voir ce qu'on a déjà, et toute la beauté qui nous entoure. Se rendre compte que nos questions sont magnifiques, et qu'on a de la chance de pouvoir se les poser. Ouvrir les yeux, respirer, sentir, et avancer. Parce que demain est la seule réponse.

Le ciel a ton sourire

Certaines fois la beauté des petites choses suffit à trouver la force de continuer à se battre.

Aujourd'hui j'ai pleuré en me rendant compte de la chance que j'ai, d'être entourée comme je le suis. J'ai pleuré parce que j'ai l'impression que je ne le mérite pas. Parce que je me sens coupable de ne pas pouvoir rendre le centième de ce qu'on m'offre.

- Coupable

Le ciel a ton sourire

Le
plus
important
c'est
qu'on
ne
se
perde
pas
en
chemin.

J'ai confiance
en moi,
c'est juste que
j'ai tendance
à l'oublier.

Le ciel a ton sourire

Tu sais pourquoi j'aime les nuages ?
Parce qu'ils me paraissent étonnamment nets
par rapport au flou du monde

La vie m'inspire

Toujours plus facile de poétiser
Que d'affronter la réalité
Toujours trop petits
Pour aller changer les choses
Toujours trop d'excuses
Pour échapper au chaos du monde
Toujours trop lâches
Derrière notre masque de culpabilité
On plaide coupable
Mais on fait rien pour se racheter
Humains qui se plaignent trop fort
Pour entendre ceux qui souffrent tout bas
J'exagère à peine
Toujours là pour faire notre cinéma
Pour se faire bien voir
Des connards sur les boulevards
Mais absents
Quand une mère nous tend la main sur le trottoir
On se dit ouvert d'esprit
Mais difficile quand notre cœur porte des œillères
On est triste quand on voit la douleur
Mais le soir on dort sur nos deux oreilles
Et le chaos du monde
C'est nous qui l'entretenons

Le ciel a ton sourire

Parce qu'on se croit
Toujours plus méritant et meilleur que les autres
Regardons les choses en face
Il y a toujours meilleur que nous
Et pour s'améliorer
Il faudrait déjà arrêter de se rendre fous
Saouls
De toutes ces cochonneries qu'on nous inculque
On fait tous partie de ceux qui parlent fort
Mais ne font rien
Et si pour rien qu'un instant
On choisissait de tendre la main ?

TOUT SE TAIT

TOUT SE SAIT

Le ciel a ton sourire

Je me fous qu'on perde
Tant qu'on ne fait pas les choses à moitié

JE DONNERAI
TOUT
POUR LEURS
SOURIRES.

Le ciel a ton sourire

Ne bouge pas,

Savoure.

Prends le temps…

De sentir le silence,

Le parfum.

Prends le temps

De ne rien faire;

Le temps

De prouver au temps

Qu'il n'a pas de prise sur toi -

Ne serait-ce qu'une seconde.

La vie m'inspire

Je voulais tout,
en pensant naïvement
que ce n'était rien.

La passion
Sans le travail
C'est juste la flemme
Avec de jolies couleurs

La vie m'inspire

Et les lumières de la ville sur moi déteignent
En une myriade d'étoiles elles fondent
Et mes yeux étincellent de cette beauté
splendide
De ce moment d'éternité volé au monde
Dérobé au ciel
Tel un affront aux dieux, la magnificence
humaine
Une goutte d'espoir dans la mer de souffrance
de la vie
Un remède au mal qui nous tue à petit feu

Le ciel a ton sourire

Je contemple
Les lumières de la nuit
Qui se reflètent
Dans la flaque

Un imprudent
Y laisse tomber un pied
Impunément

Me voilà éclaboussée de gouttes d'étoiles.

La vie m'inspire

Il y aura des jours
Où tu seras poésie
D'autres
Où tu seras méthodique
Des jours
Où tu aimeras éperdument les gens
Des secondes
Où tu te détesteras
Des heures
Où tu voudras aider autrement
Des mois
Où tu voudras juste consumer la vie
Des minutes
Où ta blouse blanche pèsera des tonnes
Et d'autres
Où elle sera ta plus grande fierté

Mais promets-moi
Que tous les jours
De cette folie qu'est la vie
Tu seras toi
Entièrement toi
Promets-le-moi.

Le ciel a ton sourire

Je respecte et j'admire
tous ces gens que j'ai rencontrés sur mon chemin,
et qui m'ont enseigné
chacun à coup de petits mots
la véritable leçon de la vie.

La vie m'inspire

Mais moi je veux pas vivre longtemps
Je veux vivre follement
Brûler intensément
Me jeter à corps perdu dans l'aventure
Pour me souvenir
Jusque dans la mort

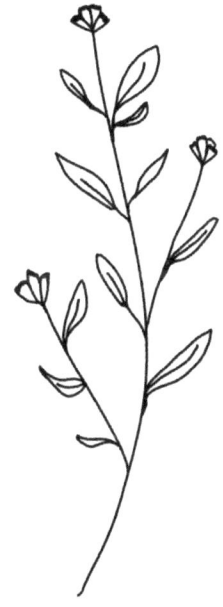

La vie est prête à nous accueillir
Mais on n'est pas prêt à la laisser nous cueillir

La vie m'inspire

Les pages blanches de mon innocence se
succèdent,
Noircies par l'expérience de la vie
Qui tantôt les abîme,
Tantôt les magnifie.

Le ciel a ton sourire

Les levers de soleil ont un goût exquis,
un mélange de confidentiel et de récompense,
d'yeux gonflés, voix rauque, esprit embrumé,
de fraîcheur,
et de *nuages de toi*

La vie m'inspire

On rencontre parfois des personnes qui nous inspirent et nous touchent profondément - je viens de m'en rendre compte. Des maîtres dans l'art d'aborder la vie comme ils l'entendent. Des gens qui laissent des traces, déposent leur empreinte, impriment une marque dans ton esprit.

Sois toi-même. Quoi qu'on te dise, tu es incroyable comme tu es. S'il te plaît, ne perds jamais ta lumière, cet éclat de vie qui t'illumine.

Profite des gens que t'aimes. On n'a pas le temps pour ces conneries, pour ces broutilles. Ils ne sont pas parfaits mais toi non plus, alors mets ton ego de côté parce que c'est ton pire ennemi. T'as le droit d'être en colère, de mal réagir parfois, ça fait partie de ton humanité, mais prends du recul, souvent on se fait du mal pour des choses qui n'en valent pas la peine. Mets-toi à leur place et essaie de les comprendre. Pardonne. On n'a pas le temps pour se détester.

Le ciel a ton sourire

Tu m'avais dit que ce ne serait pas toujours facile, et je m'attendais à pire à vrai dire, mais pourquoi ne pas m'avoir prévenue que l'envie de vivre serait si forte ? Que parfois elle me dévorerait de l'intérieur, me pousserait à la folie et à l'inconscience ? Je croyais que je devrais me battre pour rester en vie, mais c'est la vie qui me pousse à me battre.

Alors on en est là, à parler du temps qui nous blesse et nous abîme, qui nous manque et nous anime, tandis qu'il passe, trop vite, toujours trop vite, protégé par ces murailles de verre… On peut le voir s'écouler, et il nous observe nous écrouler, mais il est inatteignable le temps, isolé et pourtant tellement présent… Ce ne sont que des grains de sable, mais ils pèsent sur nous comme une chape de plomb. Que le vent l'emporte, ce satané cauchemar des hommes ! Il est, après nous-même, notre pire ennemi. Quand on le possède, on s'en ennuie, et lorsqu'on le désire plus que tout, il s'enfuit.

La relation de frère et sœur transcende tout.

Grandir ensemble, apprendre côte à côte, tomber souvent, se relever les uns les autres, mûrir en même temps, ça forge des liens indéfectibles.

Incomparables.

On partage tout.

Les plus grandes joies comme les immenses peines, les meilleurs fous rires comme les plus sombres moments.

On partage nos sourires et nos mouchoirs.

Et ça vaut tout l'or du monde.

Maintenant il faut rentrer à la maison. Je m'applique à respirer, comme j'ai appris à le faire ces dernières années. Doucement, le plus lentement possible. *Expire.* Je ferme les yeux et visualise la fumée noire du négatif, la peur putride, épaisse, lourde et sombre sortir de mes poumons. *Inspire.* La poussière dorée des bons souvenirs, solaire, éclatante, bienfaisante et apaisante y entre et s'éparpille dans mon corps. Un cycle sans fin qui me purifie. L'air danse dans mes bronches, s'alourdit, repart, en une valse infinie de noir et de doré qui soulage mon âme. *Comme ça, c'est bien, continue.* Mon cœur se calme. Mon corps se détend. Je ne veux pas ouvrir les yeux. Il est trop tôt - ou trop tard. *Échapper à la réalité encore un instant.* J'entends le bruit de la porte en bois sombre qui s'ouvre. Je le reconnaîtrais entre mille. Mes paupières se soulèvent par réflexe. Maman. Toujours aussi belle. Les digues cèdent. Tous ces murs que j'ai construits pendant si longtemps, pierre après pierre, pour retenir tout le malheur que j'essayais tant bien que mal d'enfouir au fond de moi, pour isoler mon cœur de la souffrance, toutes les forteresses du monde ne pourraient cacher à ma mère ce que je ressens, et s'effondrent comme s'ils n'avaient jamais existé face à cette femme qui me connaît mieux que personne. Les larmes baignent mes joues tandis que je cours me réfugier dans ces bras qui ont toujours su éloigner mes démons. *Ma vraie maison.*

La vie m'inspire

Les rencontres sont une richesse
La conjonction de deux lignes parallèles
Qui s'infléchissent
Jusqu'à s'effleurer
S'aborder
S'inciser
Puis s'éloigner

Ravies
Embellies
Enrichies
De différences
D'expérience
De sens

Le ciel a ton sourire

J'ai les émotions qui bourdonnent en moi
Fourmillent dans mon corps
Cascadent par mes yeux
Empierrent ma gorge
Zèbrent ma peau
Font grésiller mes nerfs

- Surtension

Tes larmes

subliment

ta force.

Le ciel a ton sourire

Tu peux faire semblant
Mais la vie avance
Comme les saisons passent
Des vies commencent
Quand d'autres trépassent
D'ineffables bonheurs
Et d'indicibles douleurs
S'entrelacent

Tu souffriras
Mais tu y survivras
Tu souriras
Et tu le savoureras
Tu penseras souvent ne pas te relever
Mais tu peux tant surmonter
S'il te plaît n'arrête pas de lutter
Tu n'es pas parfait mais tu es *assez*

La vie m'inspire

L'espoir ne se trouve pas toujours
Là où on l'attend.
Il est
Dans les grandes forêts enneigées,
Sur les hauts sommets,
Dans les couchers de soleil,
Dans les vagues de l'océan,
Dans les câlins d'amoureux
Et les bisous des parents,
Dans les ronrons des chats
Et dans les sourires des passants,
Dans les soirées à refaire le monde,
Ou les journées passées à vivre.
Regarde autour de toi.

L'espoir est là.

La vie m'inspire

Tu ne souris pas parce que tu as peur d'avoir des rides, mais les rides sont la plus belle chose qui puisse marquer ton corps. Elles prouvent que tu as vécu, que tu as surmonté toutes les épreuves. Elles montrent que tu as eu une vie bien remplie, sans économies et sans compromis. Elles affichent des blessures assumées et guéries. Elles sont les vestiges de ton combat, tes marques de guerre, les lits de tes rivières de larmes, les contours de tes trophées dessinés sur ton visage. Les lignes de la vie que tu t'es choisie.

Le ciel a ton sourire

Il y a une certaine satisfaction
A voir que l'on grandit
Et à croire que c'est *dans la bonne direction*

Chasseurs de crépuscule

Le ciel a ton sourire

Tu m'entends ? J'ai besoin que tu me répondes. Je t'aime fort tu sais. Et je sais que tu t'en fous. Mais dans la vie c'est important de savoir que des gens tiennent à toi. Tu pourras y penser plus tard, quand tu pleureras. Garde ça pour toi, au chaud, au fond de ta poche. J'te jure ça peut toujours servir. Et puis, quand tu n'en as pas besoin, prête-le à d'autres. Peut-être que ce sera le moment où ils en auront besoin. Peut-être qu'ils sauront mieux l'utiliser que toi. En tout cas, on n'a jamais trop d'amour. Y'a pas d'overdose d'amour. L'amour ne tue pas. Ça c'est ce qu'on te raconte pour te dissuader d'aimer. C'est une excuse pour ceux qui ont peur. Mais il ne faut pas avoir peur de l'amour. Parce que c'est simple et c'est beau l'amour. C'est inné. T'as pas besoin de réfléchir. Fais juste comme tu le sens. L'amour c'est comme un parfum qui se partage et qui s'accroche à ta peau. Y'a pas besoin d'explications. C'est enivrant et c'est doux, et on en redemande encore et encore. Parce qu'on aime.

On pensait qu'on se guérissait mutuellement, mais ce n'était pas le cas. On s'enfonçait toujours plus loin dans les ténèbres de la dépendance, dans les méandres de la souffrance, dans les profondeurs de la douleur. On se mentait, en fin de compte. Peut-être que notre amour empêchait la peine d'émerger, mais il ne nous guérissait pas. Comme la morphine, il endormait la douleur. Mais comme avec la morphine, nous aurions encore plus mal en nous réveillant.

Je voulais l'oublier

et il me laissait faire

Je voulais le haïr

et il m'y aidait

J'aurais dû lui être reconnaissante

mais je ne pouvais pas

Chasseurs de crépuscule

Sors de ma tête
De ma tête et de ma vie
Je n'ai pas besoin de toi
Je n'ai plus besoin de toi
                    Surtout, SORS DE MON CŒUR

Le ciel a ton sourire

Elle échappe au monde lorsqu'il s'intéresse à tout

Elle se déguise et se planque tandis qu'il se présente à tous

Elle passe son temps à rêvasser alors que lui a déjà un futur tout tracé

Il se projette quand elle parle toujours au passé

Il se grandit depuis tout petit, elle ferait tout pour disparaître dans un trou de souris

Il parle fort alors qu'elle se cache quand elle rit

Sérieuse, quand il se fait des scènes

Lui vit sa vie sans rêves tandis qu'elle rêve sans trêve

Tous les deux hasards d'une date sur un calendrier

D'une horloge dont les aiguilles se sont arrêtées de tourner

D'une vie qu'il a choisie

D'un choix qu'elle a fait par dépit

Et si finalement ils étaient les deux hémisphères d'une même planète ?

S'ils étaient leur monde à eux

Seuls dans l'espace avec l'amour pour seul satellite?

S'ils étaient faits l'un pour l'autre

Que diraient les gens dans la rue

S'ils s'aimaient plus forts que tous les autres ?

Il pourrait traverser l'océan pour elle, et connaissant sa peur de l'eau, c'est la plus belle preuve d'amour qui soit.

C'est beau, un amour mis à rude épreuve.

Le leur est si fort. Envers et contre tout. Quoi qu'il se passe ensuite.

Cet amour est beaucoup plus vieux que moi, et pourtant il résiste à l'usure du temps. Il a résisté aux tempêtes, aux tourments, aux vents violents. Il résiste à la maladie et il survivra à la mort.

Il n'y a rien de plus beau que cet amour-là.

- Grand

Tu me manques. Tu me manques toujours, et je n'ai aucun remède contre ça. Je t'idéalise, tu sais. Je t'imagine, je te vois partout, je te rêve. Tu es l'essence de mon incandescence. Tu es l'objet et la cause de ma folie. Tu es la raison et le but, tu es le début et la fin, ma nuit et mon soleil, tu es les nuages et les étoiles, tu es tellement tout, et pourtant tellement rien.

Tu es ma folie et mon encre, ma paix et ma guerre, mon cœur et ma tête, mon roc et mon ciel; tout ce que tu ne devrais pas être en vertu de la raison mais tout ce que tu es selon les principes de ma folie. J'ai envie de te demander de quitter mon esprit autant que de te supplier de m'aimer.

Le ciel a ton sourire

Et je suis prise dans la marée
Dépendante de ta volonté
T'attendant comme une naufragée
Espère une bouée de sauvetage

Tu es celui qui sauvera
Mon cœur de la noyade
Mon âme de l'enfer
Et mon corps de la mort

A tel point que j'ai envie de te supplier de m'aimer, même si on ne se connait pas vraiment. Et j'ai envie de t'aimer. Je crois que je t'aime. Mais j'ai aussi envie de te supplier de sortir de mes pensées, parce que je ne peux pas vivre avec toi seulement dans ma tête. Entre dans ma vie ou sors de mon cœur. S'il te plaît.

Le ciel a ton sourire

Je me souviendrai toute ma vie de ce coucher de soleil sur la plage.

Tu n'étais pas là, et pourtant, ma tête était pleine de toi.

Tu étais dans chaque empreinte sur le sable, dans chaque regard, dans chaque vague.

Ma vie était déjà *pleine de nous*.

Chasseurs de crépuscule

Je crois que c'est l'heure de faire le tri dans
mes sentiments
Mais bizarrement j'ai pas besoin d'y réfléchir
C'est simple comme nos bonjours
Simple comme nos nuits
Simple comme nos débuts
T'es une évidence
La première chose de ma vie qui n'est pas
compliquée
Je sais pas où on va
Mais viens pour cette fois on prévoit pas
Ne pense pas à demain
Parce que main dans la main
Il ne nous arrivera rien
Tu m'équilibres
Sans toi je vire
Ne me lâche pas
Attends-moi.

— mise à jour

T'as son être dans ta tête et son âme dans ton cœur; et peut être bien que ça durera toujours en fin de compte. Peut-être que c'est vrai tous ces mensonges qu'on raconte - et dieu sait comme on ment. Peut-être que t'as besoin d'elle finalement. Peut-être que ce ne sont pas que des folies, ou peut-être même que c'est la folie de ta vie. Peut-être qu'elle te brisera parfois, peut-être que vous irez loin, peut-être que vous irez bien. Mais pour le voir il faut que tu la laisses faire, que tu lui laisses la liberté de te faire voler - et intrinsèquement la possibilité de te briser. Y'a pas de vie sans risque. Et tu m'as dit que t'avais peur de rien, non ?

PEUT-ÊTRE QUE JE ME PLANTE

MAIS SI JE FAIS N'IMPORTE QUOI

JE VEUX LE FAIRE AVEC TOI

Le ciel a ton sourire

On était comme des aimants
séparés par le temps
Et il avait une force immense
pour nous retenir loin l'un de l'autre

Chasseurs de crépuscule

A chaque fois qu'on se retrouve,
C'est le même feu des corps
Symphonie de rouge et or
Tu sculptes mes courbes
Je cisèle tes arabesques
Valse envoûtante
De mains
De liens
Qui se font et se défont
Qui composent
Une fresque de murmures
Un diptyque de sensations

Une œuvre de passion

Ton corps est
une ode
à la luxure.

S'il y a bien une chose dont je veux me souvenir jusqu'au dernier mot du dernier chapitre de mon histoire, ce sont ces yeux-là.

Le ciel a ton sourire

Jamais dans ma vie je ne me suis posée aussi peu de questions. D'habitude, il y a toujours des « et si », des « pourquoi pas », des « oui mais ».

J'ai jamais de certitudes. Toujours des questions. Mais toi t'as débarqué dans mon bordel comme dans un rêve, et t'as pas l'air de vouloir que je me réveille. Et je n'ai pas douté une seule fois que c'était la place qui te revenait.

Ne pars pas. Je t'en supplie ne pars pas.

- Eh mon cœur

Je savais que je l'aimais dans les plus incroyables moments, mais je m'en rendais surtout compte dans les petits instants du quotidien. Ce sont eux les plus précieux. Ceux qui comptent pour la note finale.

Ça ne me donne pas que des envies de présent… Ça me donne aussi des envies de futur, des envies de « tous les jours » et des envies d'habitudes, des envies de quotidien et de chocolat chaud et d'amour jusqu'à la fin des temps.

Le problème, c'est qu'il était toujours là quand j'en avais besoin. Quoi qu'il se passe, quoi que j'ai fait et quoi que je demande, il me disait « je suis là » avec ses yeux et il me portait si haut quand j'étais si bas, il me donnait tant d'amour que je ne savais pas où le ranger parce que mon petit cœur en débordait, et parfois ça coulait par mes yeux tellement c'était fort; il était mon armure contre le monde et contre tout ce qui aurait pu me faire mal, et j'avais besoin de ça, j'avais tellement besoin de lui... Il me consolait quand j'avais mal, il me rassurait quand j'avais peur, il m'apaisait quand j'étais en colère et il enfermait mes fantômes dans un petit coin de ma tête. Et il n'est plus là. Il n'y a plus personne juste là au bon endroit au bon moment avec les bons mots. Il ressentait tout ce que je taisais, je le sais, et ça me faisait tellement de bien de me sentir comprise et de vivre une telle osmose avec quelqu'un d'autre que moi-même... Je sais que je ne retrouverai plus jamais cette sensation avec personne d'autre. J'ai perdu la moitié de mon âme et je ne saurai vous faire sentir à quel point c'est douloureux.

- Si je te perdais

Le ciel a ton sourire

Il arrive à me froisser le cœur
Aussi sûrement qu'il le réanime

— cœur de papier

On apprend la communication
Depuis des années
Et pourtant
On est tellement loin
De la maîtriser

- Saurons-nous le faire un jour ?

Le ciel a ton sourire

Elle était belle, avant toi
Avant que tu ne fasses d'elle un fantôme

Tout peut s'écrouler en un millième de seconde
Une phrase
Un mot de trop
Et tout ce qu'on a mis si longtemps à construire
S'effondre
Le temps d'un souffle
Et c'est le futur qui part en miettes
Le temps d'un geste
Et ce sont nos rêves qui partent en vrille

Cette nuit-là,
Ils étaient deux âmes
Qui s'écorchaient sans le vouloir
Victimes de leurs peurs
Qui avaient pris le contrôle

Chasseurs de crépuscule

Leurs regards
Se cherchent
Se croisent
Se touchent
S'agrippent
« *Ce soir* »
Promesse
d'étreinte charnelle
Passion brûlante
Nuit sans fin
Leurs yeux
Sourient
Enfin

Le ciel a ton sourire

C'est toi que je veux
Et personne d'autre
Et je me fiche que le monde s'écroule
Parce que tu es mon monde
Tu es tout ce que je veux
Alors ne me laisse pas
Je t'en supplie

Chasseurs de crépuscule

Mon cœur bat plus droit
Depuis que je suis dans tes bras

Le ciel a ton sourire

Je n'aimais mes mains
Que lorsque qu'elles encadraient son visage
Mes yeux
Seulement lorsqu'ils se noyaient dans les siens
Mes cheveux
Seulement lorsque ses doigts y jouaient
Mon corps
Seulement quand ses mains le caressaient

Le truc, c'est que j'ai besoin de lui pour mon équilibre. On ne devrait pas avoir besoin de quelqu'un. Parce que tout seul on devrait être tout à fait nous. Il ne devrait pas nous manquer un bout. C'est dangereux d'être dépendant. Quand tout votre système tourne autour d'un seul soleil, qu'il s'éteigne ou se mette à briller trop fort, et vous mourez.

- Dépendance

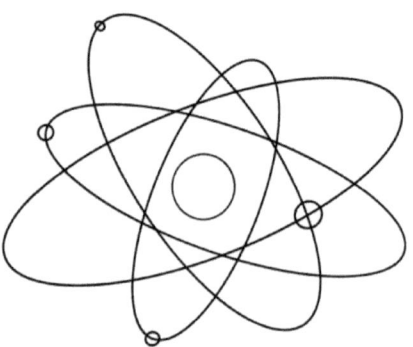

Le ciel a ton sourire

Nos fissures
Se complètent
Imparfaitement

- N'est-ce pas ça l'amour ?

Chasseurs de crépuscule

Traces de cauchemar sous mes yeux

Des peurs plein la tête

Et trop de larmes sous mes paupières

Je ne pensais pas que l'amour faisait si mal

Mais quand tu as droit au bonheur

Tu as toujours peur

Tu guettes le jour où on te le retirera

Gros défaut j'anticipe toujours le pire

J'attends le moment où tu t'en iras sans te retourner

Je te jure j'aimerais bien pouvoir parfois m'arrêter de penser

Mais en même temps c'est grâce à ça

Que je me rends compte de la chance que j'ai de t'avoir trouvé

Des doutes j'en ai des tonnes

Pourtant avec toi c'est le seul moment où je peux me calmer

Respirer

Profiter

Et je crois qu'avant ça je n'avais même jamais vraiment vécu

Et si j'ai si peur de te perdre

C'est parce que je ne le supporterai pas

Moi sans tes bras je m'effondre et je ne me relève pas

Alors fais pas gaffe à mes crises, elles te prouvent juste mon amour

Et un jour qui sait peut-être que j'assimilerais que nous deux c'est pour toujours

Tu es la couette et le chocolat chaud de mes soirées d'hiver.

Le ciel a ton sourire

C'est dingue
Comme ma vie
N'a aucun sens
Sans toi
Avant
Je me rendais compte
Qu'il me manquait
Quelque chose
Mais ce n'est rien
Face à la sensation
De savoir
Ce que c'est d'être entière
Puis de perdre
La moitié de soi-même

Chasseurs de crépuscule

Tu me manquais tellement
Que je t'écrivais des poèmes
Pour que tu sois près de moi
Rien qu'un instant

Le ciel a ton sourire

C'est fou que je me sente encore aussi mal quand tu t'en vas, même après tout ce temps. Elle est passée où cette lassitude ? J'ai l'impression qu'elle s'est perdue juste pour nous. Si elle pouvait rester loin encore quelques vies.

J'ai ton parfum autour de moi,

Et ça me réconforte
Autant que ça me tue
Crois-moi.

Le ciel a ton sourire

Ces mots doux
fissurèrent
le mur de pierre
que j'avais bâti
autour de mon cœur.
Un mot de plus
et il s'effondrerait
m'emportant dans sa c

h

y

t

e

Chasseurs de crépuscule

C'est tentant de ne pas avoir à te partager
De te garder jalousement
Secrètement
Pour moi toute seule
Comme un paquet de friandises
Dont je serais la seule
A connaître la planque

Je m'en délecterais
Un bonbon après l'autre
Ou dix à la fois
S'il m'en prend l'envie
Et personne n'en saurait rien

- Plaisir égoïste

J'ai la sensation qu'il s'échappe, qu'il me file entre les doigts. Il est le sable qu'on veut retenir chaque été au creux de nos mains, mais qui s'enfuit inexorablement. Il cherche à s'en aller, pour moi, pour lui, mais je ne peux pas. Je ne peux pas vivre sans lui. Je suis faite pour être avec lui, et tempêtes ou pas, cyclones ou ouragans, torrents de larmes ou sacrifices, je m'en fous. Je survivrai à tout ça s'il est avec moi. Ne t'en vas pas.

N'avons-nous

jamais trouvé

plus grand ennemi

à l'amour

que l'ego ?

On ne peut pas faire confiance à l'amour.
En revanche, on ne peut lui échapper.

Aujourd'hui je ne veux pas seulement prendre soin de toi. Je veux prendre soin de nous. *Je crois qu'il en a besoin lui aussi.*

Le ciel a ton sourire

Ce soir-là, toutes les étoiles s'étaient donné rendez-vous dans tes yeux. C'était magnifique. Tu étais à couper le souffle. Et je suis tombée amoureuse de toi une énième fois.

Chasseurs de crépuscule

Je voudrais couvrir
Chaque centimètre carré
De ta peau
De mes baisers
Chaque millimètre carré
De ton corps
De mes caresses
Je voudrais envahir chacune de tes pensées
Comme tu prends possession des miennes
Je voudrais combler chacune de tes absences
M'enivrer chaque seconde de ton parfum
Je voudrais ponctuer chacun de tes silences
De mon indécence, de mon insolence
Je voudrais répondre à chacun de tes sourires
Avec toute mon arrogance, mon impudence

Tu lèverais les yeux au ciel par principe
Mais je sais que c'est comme ça que tu m'aimes
Et on rirait jusqu'à ne plus pouvoir respirer
Parce que c'est comme ça qu'on s'aime

Le ciel a ton sourire

Quand il rentre le soir
Avec son magnifique sourire aux lèvres
Et qu'il me dit qu'il m'aime
Je me rappelle
Que c'est réel
Que c'est nous
Que c'est doux
Et un irrépressible sourire
Vient se nicher
Au creux de mes joues

Le bonheur est transmissible
Comment expliquer autrement
Que ton corps qui vibre
Apaise autant le mien ?

Le ciel a ton sourire

Tu es un magicien.
Tu fais de moi la plus heureuse
Dans le pire des mondes.

Chasseurs de crépuscule

On était des chasseurs de crépuscule
Des dresseurs d'aurore
On apprivoisait les étoiles
Et on était de mèche avec le soleil
La nuit était notre abri
Et le jour notre domaine
La vie nous habitait
Et ça nous suffisait

REMERCIEMENTS

Ces remerciements sont rédigés depuis à peu près aussi longtemps que j'ai commencé à écrire (c'est-à-dire il y a un bon moment déjà). Pour moi, la gratitude est centrale dans toute relation. Merci, j'adore ce mot. Je pense qu'il peut tant apporter. Les remerciements sont ma partie préférée d'un livre, d'ailleurs, je commence toujours par les lire avant d'entamer un bouquin, parce qu'ils dévoilent beaucoup sur l'auteur, et je pense qu'il s'agit nécessairement des mots les plus sincères qu'on puisse écrire, parce qu'il ne s'agit pas seulement d'une histoire qu'on raconte, mais de véritables sentiments (dont je n'ai pas l'habitude de faire part mais qui concernent tant de personnes que j'aime tant et à qui je dois beaucoup). Tellement importantes que j'aurais mis ces dédicaces au début du recueil sans hésiter si je n'avais pas risqué d'ennuyer le lecteur avant même le premier mot. Sans oublier que ma mère lira probablement mon livre, comme tous ceux qui l'ont précédé, à l'envers et qu'elle commencera donc par voir tout l'amour et la reconnaissance que je lui porte, pour tout ce qu'elle a toujours fait pour moi. Maman, je t'aime.

Je dédie donc ce livre :

A Maman, à qui je dois tout. Surtout cette folie qui me dévore et m'oblige à prendre un stylo dès que l'occasion se présente. (Mais aussi mon besoin de contrôle permanent, ma possessivité envers les gens que j'aime… Je rigole, t'es la meilleure.) Merci de t'être embarquée dans cette nouvelle aventure avec moi sans hésiter une seule seconde.

A Papa. Merci de m'avoir appris à faire confiance aux gens, à la vie. Merci de m'avoir laissé la liberté de devenir qui je voulais être et de croire en mes rêves. Tu m'as montré que la passion est primordiale, et qu'à ses côtés on peut tout. Merci pour ta compréhension, ton amour indéfectible, ta présence. Merci d'être toi mon Papa. Je t'aime.

A Boubou, parce que tu es ma sœur et que ça transcende tout. Merci d'être venue chambouler ma vie il y a 21 ans de ça, et d'être ce que tu es, douce, drôle, incroyablement forte, et libre. Crois en toi, parce que tu accompliras de grandes choses. J'espère que tu me voleras aussi ce livre pour le dévorer. Ce serait la plus grande des récompenses.

A Same. Aucun mot ne saurait exprimer la fierté que je ressens quand je te regarde. Tu es une source d'inspiration constante. Continue de donner chaque fibre de ton être dans tout ce que tu fais, d'être entier, honnête, drôle, exigeant, travailleur et courageux. Ne doute jamais une seule seconde de tes qualités, parce qu'elles sont indéniables. Je t'aime.

A mon Petit Cœur. Par où commencer... Une partie de ce livre parle de toi, parce que je ne sais pas parler alors je te l'ai écrit. Tous les livres du monde ne suffiront jamais à te décrire combien je t'aime. Merci pour l'inspiration, pour le soutien, pour l'amour. Je te dois beaucoup, et je remercie chaque jour la vie de t'avoir mis sur mon chemin.

A Sandrine, Violette, pour vos mots, vos encouragements et vos conseils qui m'ont grandement aidée. Et un merci tout particulier à Elisabeth. Je vous l'ai déjà dit mais je mesure à quel point votre temps et votre énergie sont précieux, et vous m'en avez pourtant accordés beaucoup. Ce livre ne serait pas le même sans vous et votre art. Merci de m'avoir comprise, soutenue, aiguillée, toujours avec bon sens, bienveillance et justesse.

A mon Parrain. Sans aucun doute un des plus beaux anges du Ciel.

A Papy, ma lumière. Pour que même dans le noir je retrouve toujours le chemin.

A Mamie, la plus drôle et la plus folle des mamies. Merci pour tous ces fous rires, ce soutien, tout cet amour.

A Grand Maman et Grand Papa. Merci pour ce que vous avez fait de moi. Merci d'avoir été une constante dans ma vie, et merci pour l'inspiration, toujours.

A Marraine, ma petite fée de l'ombre.

A mon Vic, ma fierté. Continue juste à être toi. Et, surtout, crois en tes rêves. Fais toi confiance. Fais ce que tu aimes et ce que tu as envie de faire, toujours.

A Alice. J'imagine que je peux te considérer comme de la famille, depuis le temps. Merci de m'avoir encouragée même quand je ne le méritais pas et d'avoir cru en moi en toutes circonstances.

D'avoir été celle à qui j'ai toujours pu confier toutes mes peurs, mes doutes, mes joies. Je t'en serai à jamais reconnaissante. Et je serai toujours là pour toi. Ilysm.

A toute ma famille, oncles, tantes, cousins et cousines. Merci d'exister. Parce que vous faites partie de ce que je suis.

A mes amis, les présents, les absents, les passés, les futurs. Merci pour tout.

A tous mes auteurs et artistes préférés et leur talent infini. A toutes ces œuvres qui m'ont inspirée.

A tous les perfectionnistes. A tous ceux qui ont lu ces remerciements sans fin jusqu'au bout. Ne croyez pas ceux qui vous disent que c'est un défaut. Ce n'est pas toujours une qualité incroyable, et ça peut vous pourrir la vie, mais ce livre ne serait pas ce qu'il est sans mon perfectionnisme.

A tous les timides, à tous les impulsifs, à tous les impatients, à tous les indécis, à tous les colériques, à tous ceux qui ne s'aiment pas. Les défauts sont la meilleure chose qui puissent nous arriver. Ils nous permettent de ne pas tout considérer comme acquis et de ne pas nous croire Dieu. Et puis si tout le monde était parfait, on s'ennuierait, non ? Croyez en vous. Vos défauts sont de l'art.

A toutes ces petites étincelles que j'ai pu croiser sur ma route. Vous avez contribué à ce feu d'artifice.

Aux magnifiques rencontres que j'ai faites grâce à mon compte Instagram. Je ne m'attendais pas en créant ce compte à autant de bienveillance, et pourtant le petit monde d'écriture que j'y ai trouvé m'a redonné foi en l'humanité. Tout ce partage, cette entraide autour de l'art sous toutes ses formes sont incroyablement stimulants. Parfois juste un commentaire ou quelques messages échangés m'ont redonné confiance, et je bénis la technologie pour ça. C'est grâce à vous tous que j'en suis là aujourd'hui, à publier mon premier recueil, à réaliser un de mes rêves de petite fille, et je ne vous remercierai jamais assez.

Et enfin à vous, mes lecteurs. C'est remplie d'appréhension que je vous ouvre cette petite fenêtre sur mon cœur. J'espère que ce livre saura vous faire vibrer, vous émouvoir ou en tous les cas vous faire *ressentir*.

C'est donc, vous l'aurez compris, dans l'optique qu'ils soient les plus complets possible que j'ai rédigé puis enrichi ces remerciements. A ce qu'il paraît, rien n'est parfait, et sûrement pas moi, alors je demande pardon à ces merveilleuses personnes que j'oublierai nécessairement. Merci.

Ps : Si vous avez apprécié ce livre, vous pouvez mettre une note et un petit commentaire sur les différentes plateformes de vente, et en parler autour de vous ou sur les réseaux, la visibilité de ce recueil repose en grande partie sur vous !
On se retrouve sur Instagram @fragment_infinitesimal avec des textes inédits ou par mail prouvostjehanne@gmail.com si vous voulez échanger !